wau

Für mein kleines Ich,
das sich genau diese Zukunft gewünscht hat.

Soffie

Impressum

www.jupitermond.com

1. Auflage, Würzburg 2024
Illustration: Sophie Köhler, www.soffie.myportfolio.com
Druck & Bindung: BALTO print, Litauen
ISBN: 978-3-949239-30-4

Druckprodukt mit finanziellem
Klimabeitrag
ClimatePartner.com/18507-2405-1011

FSC
www.fsc.org
MIX
Papier | Fördert
gute Waldnutzung
FSC® C107574

MEINE LIEBLINGSMENSCHEN

ein kunterbuntes
Freundschaftsbuch

mit
Illustrationen
von Sophie Köhler

INHALT

TRAGE DICH HIER EIN: DANN WISSEN ALLE, AUF WELCHER SEITE DU ZU FINDEN BIST!

DIESES BUCH GEHÖRT:

Spitzname:

Mein Geburtstag:

Hier wohne ich:

...zusammen mit:

mein Foto

Ich mag Hunde, weil:

In diesem Film würde ich gern mitspielen:

Das ist mein Lieblingsessen:

...und das gab's gestern zum Abendessen:

Das ist meine Superkraft:

Ich hab schon mal ...

- mein Knie aufgeschürft
- der Waschmaschine zugeschaut
- einen echten Frosch gesehen
- ins Krankenhaus gemusst
- Nudeln ohne Soße gegessen
- rohen Teig genascht
- mit dem Strohhalm geblubbert

ich

träume von:

sammle:

spiele gerne:

mag an mir:

habe Angst vor:

Das habe ich für euch gemalt:

Wenn ich drei Wünsche frei hätte ...

Datum:

Heute in 20 Jahren mache ich:

GEBURTSTAGE

januar

februar

märz

april

mai

juni

juli

august

september

oktober

november

dezember

Ich heiße:

Spitzname:

Mein Geburtstag:

Hier wohne ich:

... zusammen mit:

mein Foto

Wir kennen uns von:

In diesem Film würde ich gern mitspielen:

Das ist mein Lieblingsessen:

... und das gab's gestern zum Abendessen:

Das ist meine Superkraft:

Ich hab schon mal ...

- mein Knie aufgeschürft
- der Waschmaschine zugeschaut
- einen echten Frosch gesehen
- ins Krankenhaus gemusst
- Nudeln ohne Soße gegessen
- rohen Teig genascht
- mit dem Strohhalm geblubbert

träume von:

sammle:

spiele gerne:

ich

mag an dir:

habe Angst vor:

Das habe ich für dich gemalt:

Wenn ich drei Wünsche frei hätte ...

Datum:

Heute in 20 Jahren mache ich:

Hunde neigen ihren Kopf, um Geräusche besser zu „empfangen" und nachdenken zu können.

Ich heiße:

Spitzname:

Mein Geburtstag:

Hier wohne ich:

... zusammen mit:

mein Foto

Wir kennen uns von:

In diesem Film würde ich gern mitspielen:

Das ist mein Lieblingsessen:

... und das gab's gestern zum Abendessen:

Das ist meine Superkraft:

Ich hab schon mal ...

- mein Knie aufgeschürft
- der Waschmaschine zugeschaut
- einen echten Frosch gesehen
- ins Krankenhaus gemusst
- Nudeln ohne Soße gegessen
- rohen Teig genascht
- mit dem Strohhalm geblubbert

ich

träume von:

sammle:

spiele gerne:

mag an dir:

habe Angst vor:

Das habe ich für dich gemalt:

Wenn ich drei Wünsche frei hätte ...

Datum:

Heute in 20 Jahren mache ich:

Hunde, die für die Arbeit im und am Wasser gezüchtet werden, haben sogar richtige Schwimmhäute an ihren Pfoten!

Ich heiße:

Spitzname:

Mein Geburtstag:

Hier wohne ich:

...zusammen mit:

mein Foto

Wir kennen uns von:

In diesem Film würde ich gern mitspielen:

Das ist mein Lieblingsessen:

...und das gab's gestern zum Abendessen:

Das ist meine Superkraft:

Ich hab schon mal ...

- mein Knie aufgeschürft
- der Waschmaschine zugeschaut
- einen echten Frosch gesehen
- ins Krankenhaus gemusst
- Nudeln ohne Soße gegessen
- rohen Teig genascht
- mit dem Strohhalm geblubbert

ich

träume von:

sammle:

spiele gerne:

mag an dir:

habe Angst vor:

Das habe ich für dich gemalt:

Wenn ich drei Wünsche frei hätte ...

Datum:

Der Sheltie ist bekannt dafür, richtig viel zu bellen. Manche sagen sogar Belltie!

Heute in 20 Jahren mache ich:

Ich heiße:

Spitzname:

Mein Geburtstag:

Hier wohne ich:

... zusammen mit:

mein Foto

Wir kennen uns von:

In diesem Film würde ich gern mitspielen:

Das ist mein Lieblingsessen:

... und das gab's gestern zum Abendessen:

Das ist meine Superkraft:

Ich hab schon mal ...

- mein Knie aufgeschürft
- der Waschmaschine zugeschaut
- einen echten Frosch gesehen
- ins Krankenhaus gemusst
- Nudeln ohne Soße gegessen
- rohen Teig genascht
- mit dem Strohhalm geblubbert

ich

träume von:

sammle:

spiele gerne:

mag an dir:

habe Angst vor:

Das habe ich für *dich* gemalt:

Wenn ich drei Wünsche frei hätte ...

Datum:

Heute in 20 Jahren mache ich:

Auch Schlappohren haben ihren Sinn: Durch die umgeklappten Spitzen gelangt Schmutz beim Buddeln und Kriechen nicht in den Gehörgang.

Ich heiße:

Spitzname:

Mein Geburtstag:

Hier wohne ich:

... zusammen mit:

mein Foto

Wir kennen uns von:

In diesem Film würde ich gern mitspielen:

Das ist mein Lieblingsessen:

...und das gab's gestern zum Abendessen:

Das ist meine Superkraft:

Ich hab schon mal …

- mein Knie aufgeschürft
- der Waschmaschine zugeschaut
- einen echten Frosch gesehen
- ins Krankenhaus gemusst
- Nudeln ohne Soße gegessen
- rohen Teig genascht
- mit dem Strohhalm geblubbert

ich

träume von:

sammle:

spiele gerne:

mag an dir:

habe Angst vor:

Das habe ich für dich gemalt:

Wenn ich drei Wünsche frei hätte …

Datum:

Heute in 20 Jahren mache ich:

Es ist ganz normal, dass Aussies zwei verschieden-farbige Augen haben können.

Man nennt das 'Heterochromie'. Besonders häufig tritt es bei Trägern des Merle-Gens auf.

Ich heiße:

Spitzname:

Mein Geburtstag:

Hier wohne ich:

...zusammen mit:

mein Foto

Wir kennen uns von:

In diesem Film würde ich gern mitspielen:

Das ist mein Lieblingsessen:

...und das gab's gestern zum Abendessen:

Das ist meine Superkraft:

Ich hab schon mal ...

- mein Knie aufgeschürft
- der Waschmaschine zugeschaut
- einen echten Frosch gesehen
- ins Krankenhaus gemusst
- Nudeln ohne Soße gegessen
- rohen Teig genascht
- mit dem Strohhalm geblubbert

ich

träume von:

sammle:

spiele gerne:

mag an dir:

habe Angst vor:

Das habe ich für dich gemalt:

Wenn ich drei Wünsche frei hätte ...

Heute in 20 Jahren mache ich:

Datum:

Die Rute ist bei Retrievern besonders stark, da sie im Wasser als Ruder und Steuer dient sowie beim Apportieren als Gegengewicht.

ENTWEDER ODER

WAS MAGST DU LIEBER? MALE JEWEILS EIN KÄSTCHEN AUS.
SO FINDET IHR HERAUS, WIE VIEL IHR GEMEINSAM HABT!

- KETCHUP ODER MAYO
- BERGE ODER MEER
- ROLLER ODER FAHRRAD
- HÖRBUCH ODER VORLESEN
- PIZZA ODER NUDELN
- MILCH ZUERST ODER MÜSLI ZUERST
- RUTSCHE ODER SCHAUKEL
- BREZEL ODER LAUGENSTANGE
- TEE ODER KAKAO
- PUZZELN ODER BASTELN
- LEGO ODER PLAYMOBIL
- VERSTECKEN ODER FANGEN
- AUSSCHLAFEN ODER MITTAGSSCHLAF

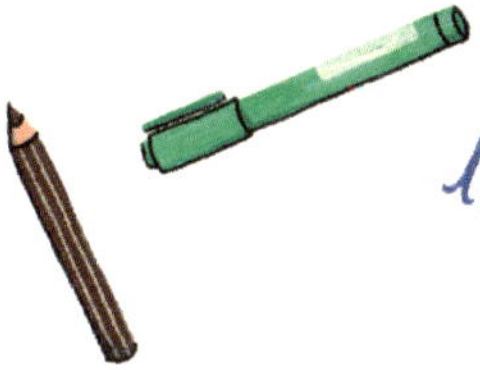

ICH …

AUF DIESER SEITE MUSST DU DICH NICHT ENTSCHEIDEN.
MALE EIN KÄSTCHEN AUS ODER ÜBERSPRINGE ES, WENN ES NICHT AUF DICH ZUTRIFFT.

ich habe …

- EINE BRILLE
- EINE SCHWESTER
- EINEN BRUDER
- EINEN HUND
- EINE KATZE
- EIN EIGENES ZIMMER
- EIN TAGEBUCH
- EINE ELEKTRISCHE ZAHNBÜRSTE
- EIN TRAMPOLIN
- EINEN ZAHN VERLOREN
- MAL GEHIRN-FROST GEHABT
- MAL AUF DEM BODEN GEGESSEN
- BRAUNE AUGEN
- MAL ETWAS KAPUTT GEMACHT

ich kann …

- SEHR SCHNELL RENNEN
- SCHWIMMEN
- LUSTIG SEIN
- DIE SCHLEIFE BINDEN
- MICH IM AUTO SELBST ANSCHNALLEN

Ich heiße:

Spitzname:

Mein Geburtstag:

Hier wohne ich:

...zusammen mit:

mein Foto

Wir kennen uns von:

In diesem Film würde ich gern mitspielen:

Das ist mein Lieblingsessen:

...und das gab's gestern zum Abendessen:

Das ist meine Superkraft:

Ich hab schon mal ...

- mein Knie aufgeschürft
- der Waschmaschine zugeschaut
- einen echten Frosch gesehen
- ins Krankenhaus gemusst
- Nudeln ohne Soße gegessen
- rohen Teig genascht
- mit dem Strohhalm geblubbert

ich

träume von:

sammle:

spiele gerne:

mag an dir:

habe Angst vor:

Das habe ich für dich gemalt:

Wenn ich drei Wünsche frei hätte ...

Datum:

Heute in 20 Jahren mache ich:

Der Rehpinscher ist der einzige Pinscher mit natürlichen Stehohren. Auch alle Dobermänner werden mit Schlappohren geboren. Das ‚kupieren' ist in Deutschland zum Glück verboten.

Ich heiße:

Spitzname:

Mein Geburtstag:

Hier wohne ich:

...zusammen mit:

mein Foto

Wir kennen uns von:

In diesem Film würde ich gern mitspielen:

Das ist mein Lieblingsessen:

...und das gab's gestern zum Abendessen:

Das ist meine Superkraft:

Ich hab schon mal ...

- mein Knie aufgeschürft
- der Waschmaschine zugeschaut
- einen echten Frosch gesehen
- ins Krankenhaus gemusst
- Nudeln ohne Soße gegessen
- rohen Teig genascht
- mit dem Strohhalm geblubbert

ich

träume von:

sammle:

spiele gerne:

mag an dir:

habe Angst vor:

Das habe ich für dich gemalt:

Wenn ich drei Wünsche frei hätte ...

Datum:

Heute in 20 Jahren mache ich:

Man nennt Vizslas auch gern 'Velcro dogs'. Das bedeutet 'Klettverschluss-Hund' – weil sie ihren Menschen nicht von der Seite weichen.

Ich heiße:

Spitzname:

Mein Geburtstag:

Hier wohne ich:

... zusammen mit:

mein Foto

Wir kennen uns von:

In diesem Film würde ich gern mitspielen:

Das ist mein Lieblingsessen:

...und das gab's gestern zum Abendessen:

Das ist meine Superkraft:

Ich hab schon mal …

- mein Knie aufgeschürft
- der Waschmaschine zugeschaut
- einen echten Frosch gesehen
- ins Krankenhaus gemusst
- Nudeln ohne Soße gegessen
- rohen Teig genascht
- mit dem Strohhalm geblubbert

träume von:

spiele gerne:

ich

sammle:

mag an dir:

habe Angst vor:

Das habe ich für <u>dich</u> gemalt:

Wenn ich drei Wünsche frei hätte …

Datum:

Heute in 20 Jahren mache ich:

Die Spitze der Rute ist bei Beagles immer weiß, damit sie auch beim Stöbern im Unterholz gut zu finden sind. Wie ein Fahrradwimpel!

Ich heiße:

Spitzname:

Mein Geburtstag:

Hier wohne ich:

... zusammen mit:

mein Foto

Wir kennen uns von:

In diesem Film würde ich gern mitspielen:

Das ist mein Lieblingsessen:

... und das gab's gestern zum Abendessen:

Das ist meine Superkraft:

Ich hab schon mal …

- mein Knie aufgeschürft
- der Waschmaschine zugeschaut
- einen echten Frosch gesehen
- ins Krankenhaus gemusst
- Nudeln ohne Soße gegessen
- rohen Teig genascht
- mit dem Strohhalm geblubbert

ich

träume von:

sammle:

spiele gerne:

mag an dir:

habe Angst vor:

Das habe ich für dich gemalt:

Wenn ich drei Wünsche frei hätte …

Datum:

Diese Fellfarbe heißt Salz und Pfeffer!

Heute in 20 Jahren mache ich:

Ich heiße:

Spitzname:

Mein Geburtstag:

Hier wohne ich:

...zusammen mit:

mein Foto

Wir kennen uns von:

In diesem Film würde ich gern mitspielen:

Das ist mein Lieblingsessen:

...und das gab's gestern zum Abendessen:

Das ist meine Superkraft:

Ich hab schon mal ...

- mein Knie aufgeschürft
- der Waschmaschine zugeschaut
- einen echten Frosch gesehen
- ins Krankenhaus gemusst
- Nudeln ohne Soße gegessen
- rohen Teig genascht
- mit dem Strohhalm geblubbert

ich

träume von:

sammle:

spiele gerne:

mag an dir:

habe Angst vor:

Das habe ich für <u>dich</u> gemalt:

Wenn ich drei Wünsche frei hätte ...

Datum:

Heute in 20 Jahren mache ich:

Der Shiba Inu kommt aus Japan. Übersetzt bedeutet der Name einfach nur 'Kleiner Hund'.

Ich heiße:

Spitzname:

Mein Geburtstag:

Hier wohne ich:

... zusammen mit:

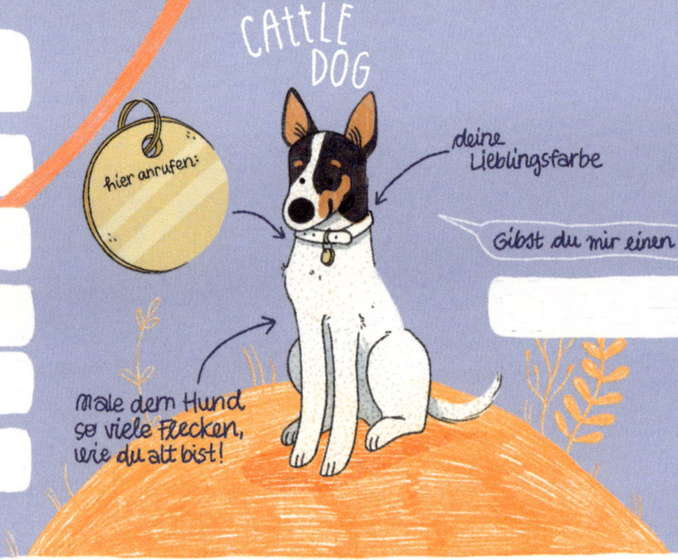

Gibst du mir einen Namen?

mein Foto

Wir kennen uns von:

In diesem Film würde ich gern mitspielen:

Das ist mein Lieblingsessen:

...und das gab's gestern zum Abendessen:

Das ist meine Superkraft:

Ich hab schon mal ...

- mein Knie aufgeschürft
- der Waschmaschine zugeschaut
- einen echten Frosch gesehen
- ins Krankenhaus gemusst
- Nudeln ohne Soße gegessen
- rohen Teig genascht
- mit dem Strohhalm geblubbert

ich

träume von:

sammle:

spiele gerne:

mag an dir:

habe Angst vor:

Das habe ich für dich gemalt:

Wenn ich drei Wünsche frei hätte ...

Datum:

Heute in 20 Jahren mache ich:

Genau wie beim Dalmatiner werden Cattle Dog-Welpen fast weiß geboren!

QUIZ!

WELCHER HUND BIST DU? FINDE ES HIER HERAUS!

SOMMER

Ich bleibe gerne zu Hause oder **Ich bin den ganzen Tag unterwegs**

Ich bleibe gerne zu Hause

- Im Garten spielen ist am besten
  - Ich spiele Fangen mit den Nachbarskindern → BORDER COLLIE
  - Ich liege im Schatten und schaue, wer vorbeikommt → PYRENÄENBERGHUND
- Ich bleibe drinnen, mir ist es zu heiß!
  - Ich spiele Karten mit meiner Familie → YORKSHIRE TERRIER
  - Ich langweile mich und sitze am Fenster → PAPILLON

Ich bin den ganzen Tag unterwegs

- … und will ans Meer!
  - Ich springe sofort ins Wasser! → LABRADOR RETRIEVER
  - Ich buddle im Sand und baue Sandburgen → JACK RUSSELL TERRIER
- Ich erkunde Wald und Wiesen
  - Ich fahre Fahrrad am Feld, vielleicht sehen wir Hasen! → PODENCO
  - Ich gehe im Wald auf Entdeckungsreise → DACKEL

BORDER COLLIE · PYRENÄENBERGHUND · YORKSHIRE TERRIER · PAPILLON · LABRADOR RETRIEVER · JACK RUSSELL TERRIER · PODENCO · DACKEL

MAGSt DU LIEBER SOMMER ODER WINTER? FOLGE DANN DEN PFEILEN!

WINTER

Ich bleibe drin, so schön gemütlich!

oder

Ich muss raus: Es schneit!

Ich helfe und lerne gerne neue Sachen dazu

- Wir backen Plätzchen und irgendjemand muss den Teig probieren …
- Ich suche mir ein neues Hobby

Ich spiele und mache Sachen, die ich gut kann

- … und lade dazu noch Besuch ein
- … und flechte Armbänder, male Bilder und bastle

Ich friere schnell und brauche eine dicke Jacke

- Ich verfolge Spuren im Schnee
- Hab's mir anders überlegt. Ich will wieder rein!

Mir ist immer warm!

- Ich baue einen Schneemann im Garten
- Ich gehe Schlitten fahren!

Ich heiße:

Spitzname:

Mein Geburtstag:

Hier wohne ich:

... zusammen mit:

mein Foto

Wir kennen uns von:

In diesem Film würde ich gern mitspielen:

Das ist mein Lieblingsessen:

...und das gab's gestern zum Abendessen:

Das ist meine Superkraft:

Ich hab schon mal …

- mein Knie aufgeschürft
- der Waschmaschine zugeschaut
- einen echten Frosch gesehen
- ins Krankenhaus gemusst
- Nudeln ohne Soße gegessen
- rohen Teig genascht
- mit dem Strohhalm geblubbert

ich

träume von:

sammle:

spiele gerne:

mag an dir:

habe Angst vor:

Das habe ich für dich gemalt:

Wenn ich drei Wünsche frei hätte …

Datum:

Heute in 20 Jahren mache ich:

Basenjis sind Hunde vom Urtyp. Sie benehmen sich wie Katzen und putzen sich auch so! Ihr Kehlkopf ist sogar so geformt, dass sie gar nicht richtig bellen können.

Ich heiße:

Spitzname:

Mein Geburtstag:

Hier wohne ich:

...zusammen mit:

mein Foto

Wir kennen uns von:

In diesem Film würde ich gern mitspielen:

Das ist mein Lieblingsessen:

...und das gab's gestern zum Abendessen:

Das ist meine Superkraft:

Ich hab schon mal ...

- mein Knie aufgeschürft
- der Waschmaschine zugeschaut
- einen echten Frosch gesehen
- ins Krankenhaus gemusst
- Nudeln ohne Soße gegessen
- rohen Teig genascht
- mit dem Strohhalm geblubbert

ich

träume von:

sammle:

spiele gerne:

mag an dir:

habe Angst vor:

Das habe ich für dich gemalt:

Wenn ich drei Wünsche frei hätte ...

Datum:

Heute in 20 Jahren mache ich:

Ein Cocker Spaniel namens Tangle war der erste Hund, der Krebs erkennen konnte!

Ich heiße:

Spitzname:

Mein Geburtstag:

Hier wohne ich:

...zusammen mit:

mein Foto

Wir kennen uns von:

In diesem Film würde ich gern mitspielen:

Das ist mein Lieblingsessen:

...und das gab's gestern zum Abendessen:

Das ist meine Superkraft:

Ich hab schon mal ...

- mein Knie aufgeschürft
- der Waschmaschine zugeschaut
- einen echten Frosch gesehen
- ins Krankenhaus gemusst
- Nudeln ohne Soße gegessen
- rohen Teig genascht
- mit dem Strohhalm geblubbert

ich

träume von:

sammle:

spiele gerne:

mag an dir:

habe Angst vor:

Das habe ich für dich gemalt:

Wenn ich drei Wünsche frei hätte ...

Heute in 20 Jahren mache ich:

Datum:

Pudel werden mit vielen Rassen zu teuren Mischlingen gekreuzt – in der Hoffnung, das allergikerfreundliche Fell zu behalten.

Ich heiße:

Spitzname:

Mein Geburtstag:

Hier wohne ich:

...zusammen mit:

mein Foto

Wir kennen uns von:

In diesem Film würde ich gern mitspielen:

Das ist mein Lieblingsessen:

...und das gab's gestern zum Abendessen:

Das ist meine Superkraft:

Ich hab schon mal ...

- mein Knie aufgeschürft
- der Waschmaschine zugeschaut
- einen echten Frosch gesehen
- ins Krankenhaus gemusst
- Nudeln ohne Soße gegessen
- rohen Teig genascht
- mit dem Strohhalm geblubbert

ich

träume von:

sammle:

spiele gerne:

mag an dir:

habe Angst vor:

Das habe ich für dich gemalt:

Wenn ich drei Wünsche frei hätte ...

Datum:

Heute in 20 Jahren mache ich:

Dalmatiner waren früher die lebende Sirene der Feuerwehr und bellten die Straßen frei!

Ich heiße:

Spitzname:

Mein Geburtstag:

Hier wohne ich:

... zusammen mit:

Wir kennen uns von:

In diesem Film würde ich gern mitspielen:

Das ist mein Lieblingsessen:

... und das gab's gestern zum Abendessen:

Das ist meine Superkraft:

mein Foto

Ich hab schon mal ...

- mein Knie aufgeschürft
- der Waschmaschine zugeschaut
- einen echten Frosch gesehen
- ins Krankenhaus gemusst
- Nudeln ohne Soße gegessen
- rohen Teig genascht
- mit dem Strohhalm geblubbert

ich

träume von:

sammle:

spiele gerne:

mag an dir:

habe Angst vor:

Das habe ich für <u>dich</u> gemalt:

Wenn ich drei Wünsche frei hätte ...

Datum:

Heute in 20 Jahren mache ich:

Ich heiße:

Spitzname:

Mein Geburtstag:

Hier wohne ich:

...zusammen mit:

mein Foto

Wir kennen uns von:

In diesem Film würde ich gern mitspielen:

Das ist mein Lieblingsessen:

...und das gab's gestern zum Abendessen:

Das ist meine Superkraft:

Ich hab schon mal ...

- mein Knie aufgeschürft
- der Waschmaschine zugeschaut
- einen echten Frosch gesehen
- ins Krankenhaus gemusst
- Nudeln ohne Soße gegessen
- rohen Teig genascht
- mit dem Strohhalm geblubbert

ich

träume von:

sammle:

spiele gerne:

mag an dir:

habe Angst vor:

Das habe ich für dich gemalt:

Wenn ich drei Wünsche frei hätte ...

Heute in 20 Jahren mache ich:

Datum:

Das Fell von Langhaarhunden muss am besten jeden Tag gebürstet werden. Mit regelmäßigen Besuchen beim Hundefrisör entstehen so hoffentlich keine schmerzhaften Verfilzungen.

LIEBLINGS-LIEDER

BEI DIESEM LIED MUSS ICH EINFACH LAUT MITSINGEN!

Hundi-Alexander Marcus

Ich heiße:

Spitzname:

Mein Geburtstag:

Hier wohne ich:

... zusammen mit:

Wir kennen uns von:

In diesem Film würde ich gern mitspielen:

Das ist mein Lieblingsessen:

... und das gab's gestern zum Abendessen:

Das ist meine Superkraft:

mein Foto

Ich hab schon mal ...

- mein Knie aufgeschürft
- der Waschmaschine zugeschaut
- einen echten Frosch gesehen
- ins Krankenhaus gemusst
- Nudeln ohne Soße gegessen
- rohen Teig genascht
- mit dem Strohhalm geblubbert

ich

träume von:

sammle:

spiele gerne:

mag an dir:

habe Angst vor:

Das habe ich für dich gemalt:

Wenn ich drei Wünsche frei hätte ...

Datum:

Heute in 20 Jahren mache ich:

'to point' heißt auf Deutsch 'zeigen'. Die Hunde zeigen mit ihrem Körper an, dass sie Wild gefunden haben.

Ich heiße:

Spitzname:

Mein Geburtstag:

Hier wohne ich:

...zusammen mit:

mein Foto

Wir kennen uns von:

In diesem Film würde ich gern mitspielen:

Das ist mein Lieblingsessen:

...und das gab's gestern zum Abendessen:

Das ist meine Superkraft:

Ich hab schon mal ...

- mein Knie aufgeschürft
- der Waschmaschine zugeschaut
- einen echten Frosch gesehen
- ins Krankenhaus gemusst
- Nudeln ohne Soße gegessen
- rohen Teig genascht
- mit dem Strohhalm geblubbert

ich

träume von:

sammle:

spiele gerne:

mag an dir:

habe Angst vor:

Das habe ich für <u>dich</u> gemalt:

Wenn ich drei Wünsche frei hätte ...

Datum:

Heute in 20 Jahren mache ich:

Rottweiler haben durch ihre Darstellung in Filmen einen schlechten Ruf. Dabei sind sie sehr anhänglich und freundlich, wenn sie gut erzogen werden.

Ich heiße:

Spitzname:

Mein Geburtstag:

Hier wohne ich:

...zusammen mit:

mein Foto

Wir kennen uns von:

In diesem Film würde ich gern mitspielen:

Das ist mein Lieblingsessen:

...und das gab's gestern zum Abendessen:

Das ist meine Superkraft:

Ich hab schon mal ...

- mein Knie aufgeschürft
- der Waschmaschine zugeschaut
- einen echten Frosch gesehen
- ins Krankenhaus gemusst
- Nudeln ohne Soße gegessen
- rohen Teig genascht
- mit dem Strohhalm geblubbert

ich

träume von:

sammle:

spiele gerne:

mag an dir:

habe Angst vor:

Das habe ich für dich gemalt:

Wenn ich drei Wünsche frei hätte ...

Datum:

Oft werden Herdenschutzhunde als Retriever Mischlinge verkauft. Das ist nicht ungefährlich, weil ihre Bedürfnisse sich sehr stark voneinander unterscheiden.

Heute in 20 Jahren mache ich:

Ich heiße:

Spitzname:

Mein Geburtstag:

Hier wohne ich:

... zusammen mit:

mein Foto

Wir kennen uns von:

In diesem Film würde ich gern mitspielen:

Das ist mein Lieblingsessen:

... und das gab's gestern zum Abendessen:

Das ist meine Superkraft:

Ich hab schon mal ...

- mein Knie aufgeschürft
- der Waschmaschine zugeschaut
- einen echten Frosch gesehen
- ins Krankenhaus gemusst
- Nudeln ohne Soße gegessen
- rohen Teig genascht
- mit dem Strohhalm geblubbert

ich

träume von:

sammle:

spiele gerne:

mag an dir:

habe Angst vor:

Das habe ich für dich gemalt:

Wenn ich drei Wünsche frei hätte ...

Datum:

Heute in 20 Jahren mache ich:

Der Wolfsspitz zählt zu den ältesten Hunderassen Europas. Seine Vorfahren sind 'Torfhunde', die in der Steinzeit lebten.

Ich heiße:

Spitzname:

Mein Geburtstag:

Hier wohne ich:

...zusammen mit:

mein Foto

Wir kennen uns von:

In diesem Film würde ich gern mitspielen:

Das ist mein Lieblingsessen:

...und das gab's gestern zum Abendessen:

Das ist meine Superkraft:

Ich hab schon mal ...

- mein Knie aufgeschürft
- der Waschmaschine zugeschaut
- einen echten Frosch gesehen
- ins Krankenhaus gemusst
- Nudeln ohne Soße gegessen
- rohen Teig genascht
- mit dem Strohhalm geblubbert

ich

träume von:

sammle:

spiele gerne:

mag an dir:

habe Angst vor:

Das habe ich für dich gemalt:

Wenn ich drei Wünsche frei hätte ...

Datum:

Heute in 20 Jahren mache ich:

Sie sind nicht nur schnell wie der Wind – ihre Löckchen werden auch Federn genannt!

YIPPIE!!!
DU BIST AUF EINE PARTY EINGELADEN!

MALE DEN HUND AUS, DER DICH BEGLEITEN SOLL!

UNSERE FOTOS

HIER IST PLATZ FÜR GRUPPENFOTOS, AUSFLUGSBILDER UND ANDERE ERINNERUNGEN

ÜBER DIE ILLUSTRATORIN

Ich heiße: Sophie Köhler

Spitzname: Soffie

Hier wohne ich: in Würzburg

...zusammen mit: Hummel-Hund

Mein Geburtstag: 17.08.2000

Das wollte ich werden, als ich klein war: Illustratorin

Das mache ich heute: selbstständig (als Illustratorin), Studium Kommunikationsdesign, auf Hummi aufpassen

Heute in 20 Jahren mache ich: mehr Mittagsschlaf

Das ist meine Superkraft: Empathie und neue Hobbys über Nacht lernen

Wenn ich drei Wünsche frei hätte...

- nie mehr krank sein
- mehr Platz (für Bastelsachen)
- unter Wasser atmen

UND DIE CO-AUTORIN

Ich heiße: HUMMEL

Spitzname: Hummi, Captain Kuschelohr

Hier wohne ich: erst in Kroatien, jetzt in Würzburg

...zusammen mit: Soffie

Mein Geburtstag: das weiß nur ich!! Nämlich im Frühling 2021

träume von: Eichhörnchen ärgern

sammle: Kuscheltiere ohne Füllung

spiele gerne: Suchspiele und Wachhund (auf dem Balkon)

ich

mag an mir: ich passe immer so gut auf Soffie auf

habe Angst vor: Nichts!!! (außer Plastiktüten im Wind)

Das ist meine Superkraft: alles an mir ♥

Wenn ich drei Wünsche frei hätte...
1. nie mehr Krallen schneiden
2. nie mehr Regen
3. Eiswaffelhörnchen

wau